다정한 아이로 커가는
아이생각열기 철학놀이

다름은 틀림이 아니야!

글 안소피 실라르 그림 파스칼 르메트르 옮김 권수연

차 례

4 왜 우리는 다 다를까?
4 우리는 어떤 면이 그렇게 서로 다를까?
6 다르다는 것이 문제가 될까?
7 직접 해보자!

**10 왜 착한 사람이 있고
못된 사람이 있는 걸까?**
10 누가 못된 거지?
13 직접 해보자!

14 평등이란 뭘까?
14 평등하다는 건 무슨 뜻일까?
16 평등에는 어떤 쓸모가 있을까?
17 직접 해보자!

20 우리는 왜 거짓말을 할까?
22 거짓말을 가끔 한다고? 많이 한다고? 아니, 전혀 하지 않는다고?
23 직접 해보자!

26 유명 스타가 되면 뭐가 좋을까?
29 직접 해보자!

30 전쟁은 왜 일어날까?
32 전쟁 없는 세상, 과연 가능할까?
33 직접 해보자!

36 주는 것과 교환하는 것의 차이는 무얼까?

- 36 준다는 건 무얼까?
- 37 교환한다는 건 무얼까?
- 38 그래서, 주는 것? 아니면 교환하는 것?
- 39 직접 해보자!

42 친구란 무얼까?

- 44 영원한 친구?
- 45 직접 해보자!

48 무슨 말이든 다 해도 되는 걸까?

- 50 직접 해보자!

54 인종차별, 그게 뭐지?

- 54 인종차별, 그게 뭐지?
- 55 인종차별은 어떻게 시작될까?
- 56 서로 달라도 더불어 잘 살 수 있을까?
- 57 직접 해보자!

60 왜 세상에는 부자도 있고 가난한 사람도 있을까?

- 60 왜 어떤 사람들은 부자이며……
- 62 왜 지금보다 더 부자가 되고 싶어하는 사람이 많은 걸까?
- 63 직접 해보자!

66 왜 동의하지 못하는 때가 많은 걸까?

- 66 동의해!
- 68 때론 동의가 이루어지지 않는 게 더 좋은 거라면?
- 69 직접 해보자!

우리는 어떤 면이 그렇게 서로 다를까?

우리는 적잖은 면에서 서로 다르지만, 사람이라는 면에서는 모두 같아.

우리는 다 어느 누구와도 다른 외모를 가지고 있지.

하지만 우리 모두 코도 있고, 입도 있고, 눈도 있고, 귀도 있잖아?

어떤 사람들은 하루하루 살아가는 일상에서 남들이 하는 일을 다 똑같이 할 수는 없어.

그렇다고 똑같은 감정을 못 느끼는 건 아니잖아?

우리가 모두 같은 신앙, 같은 사상을 가지고 있지는 않아.

그래도 삶과 죽음의 신비에 대해서는 다 같은 질문을 던지지 않을까?

우리는 지구촌 곳곳에서 서로
아주 다른 방식으로 살아가고 있어.

그래도 우린
모두 생각하고, 대화하고,
새로운 걸 만들 줄 알잖아?

나는 생각한다

삶이 누구에게나 늘 쉬운 건 아니지만……

그래도 우린
모두 다른 사람의
고통을 알아볼 수
있잖아?

우린 모두 저마다의 개성과 능력을
가지고 있지.

누구와도 다른 나라는 것,
이 또한 우리의
공통점이 아닐까?

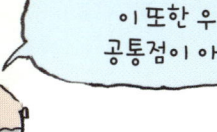

다르다는 것이 문제가 될까?

다름은 때로 사람들을 불편하고 거북하게 만들고, 사람들 사이에 골을 만들기도 해.

그런데 바로 그 다름 때문에 서로에게 이끌릴 때는, 다름이 우리의 영감과 성장의 원천이 되기도 하지.

우리의 다름으로 인해 이 세상이 앞으로 나아가고 있는 건 아닐까?

비슷할까, 다를까? 제각각이지!

너는 네가 남들과 다르다고 생각해, 아니면 비슷하다고 생각해?
아래 표를 완성해 보면 그것이 상황마다 다르고,
그때 네가 느끼는 감정도 제각각이라는 걸 알 수 있을 거야.

	비슷하다	다르다	왜 그렇게 생각해?	그것이 너에게 어떤 영향을 주지?
키				
유머 감각				
옷차림				
좋아하는 스포츠				
가족				
학교 성적				
좋아하는 음식				
좋아하는 연예인				
좋아하는 계절				
가장 행복해지는 풍경				
직접 써보자				

이 세상 하나뿐인 너!

너를 거울에 비추어 보면서 자화상을 그려보자.
이때 다른 누구와도 다른 부분에 집중해보는 거야. 그곳이 어딜까?
눈 생김새? 오목하게 팬 턱? 뺨의 주근깨? 빨간 두 볼? 아니면 코에 난 점……?

모두 다른 사람들…… 하지만?!

한 군데 이상 공통점을 가진 사람들을 동그라미를 그려 묶어보자.

이게 나야…… 근데 아니었으면 좋겠어!

너에게서 바꾸고 싶은 점에 대해 써보자.

네 외모에서 어떤 곳(들)을 바꾸어야 한다면, 어딘지 말해 보자. ....
....

그럼 그곳(들)을 어떻게 바꾸고 싶어? ....
네 성격에서 어떤 점(들)을 바꾸어야 한다면, 무엇인지 말해 보자. ....
....
....

그럼 그 점들을 어떻게 바꾸고 싶어? 더 키우고 싶은 장점과 줄이고 싶은 단점으로
나누어 생각해 보자. ....
....
....

네가 좋아하는 것들 중에서 무언가를 바꾸어야 한다면, 무엇인지 말해 보자. ....
....
....

그럼 그 대신 무엇을 좋아하고 싶어? ....
....
....

너의 다름, 그리고 남들의 다름과 더불어 살기 위한 길잡이 셋

1 너와 달라 보이는 사람들을 만나면 불편해질 때가 있지? 아주 많은 사람들이 그래. 왜냐면 다르다는 건 곧잘 두려움을 일으키거든. 어떤 사람들은 휠체어를 탄 사람을 보면 불편해져. 또 어떤 사람들은 자기와 생각이 다른 사람들을 피하기도 하고, 피부색이 다른 사람들을 밀어내기도 하고…… 하지만 다름이 곧 매력이 될 때도 있어. 다름이 곧 인류의 풍요로움을 보여주기도 하거든!

2 선사시대부터, 우리가 위험을 대비해서 의지할 수 있는 무리에 속하게끔 우리 뇌가 프로그래밍돼 있다는 거 알고 있어? 하지만 남들을 따라만해서는(같은 운동화만 신거나, 같은 게임만 하거나 등등 말이야), 진정한 나 자신으로 살기가 어려워지기도 해. 네가 입는 옷, 네가 하는 일, 네가 하는 말이 언제나 진정한 너 자신을 보여주고 있을까?

3 때로 나와 다른 남들을 보면 내가 보잘것없고, 못생겼고, 어리석다는 생각이 들어. 또 어떤 때는 정말 보잘것없는 건 남들이고, 내가 무지하게 잘난 것 같은 생각이 들지. 그렇다면, 세상을 보는 가장 좋은 방법은 나와 남들을 서로 비교하지 않는 게 아닐까?

누가 못된 거지?

누군가의 언행이 마음에 들지 않을 때,
우린 그 사람을 못됐다고 판단하기도 해.

늘 눈에 띄는 건 아니지만, 누군가의 못된 행동에는
숨은 이유가 있을 때가 많아.

어떤 사람들은 못된 건 타고나는 거라고 생각하고,
또 어떤 사람들은 살다가 험한 일들을 겪었기 때문이라고 생각해.

누가 착할까?

우리는 마음이 너그러워서, 혹은 남들을 사랑하는 마음에서도 착한 사람이 될 수 있지만, 한편으론 스스로 좋은 사람이라고 믿고 싶어서, 혹은 남들에게 사랑받으려는 마음에 착한 사람이 되기도 해.

어떤 사람들은 착한 건 그다지 타고나는 게 아니라고 생각해. 더불어서 더 잘 살기 위한 학습의 결과로 착해진다는 거지.

때로 우리는 다만 '싫어'라고 말할 수 없어서, 혹은 자기 생각을 미처 표현하지 못해서 착한 사람이 되기도 해.

'그래'라고 할까, '싫어'라고 할까?

못된 사람으로 통하기 싫어서 '그래'나 '싫어'라는 말을 못하고 참을 때가 있어?
아래 그림과 같은 상황을 만났다고 생각하고, 그때 네가 느끼는 대로
좋으면 '그래'를, 싫으면 '싫어'를 큰 글자로 써보자.

그냥 웃고 넘기자!

못되게 구는 사람을 만나면 유머가 아주 쓸모 있을 때가 있어.
착하다고는 할 수 없는 아래 말들에 재미있게 대꾸할 대답을 찾아보자.

직접 해보자!

나 이제 너한테 말 안 해!	잘됐다, 나도 네 말을 듣기가 싫은 참인데!
아가야, 넌 너무 어려서 우리랑 못 놀아!	조심해, 나 지금 막 분유 먹고 나왔는데 너한테 토할지도 몰라!
넌 정말이지 너무 멍청해!	
나 이제 너랑 친구 안 해!	
네가 너무 못생겨서 친구 못 하겠어!	

못되지도, 너무 착하지도 않은 사람이 되기 위한 길잡이 셋

1 혹시 누군가 너랑 놀지 않거나, 너를 때리거나, 욕을 해? 그 사람이 꼭 너를 싫어하거나, 너한테 맘에 안 드는 게 있어서 그러는 건 아니야. 누군가 화를 내는 건 너랑 아무 상관이 없을 때가 아주 많아. 그럴 때 너도 못되게 대꾸하는 대신, 대화를 시도하거나 도움을 요청해 보자. 남들이 못된 건 절대로 내 책임이 아니야!

2 멍청한 짓을 하게끔 친구들이 너를 부추길 때, 혹은 엄마 친구가 너에게 다짜고짜 볼 뽀뽀를 하려고 할 때, '싫어' 하고 말하기 어려울 때가 있지. 거절하는 건 못된 게 아니야. 남의 마음에 들려 애쓰지 않고, 실망시킬까봐 두려워하지 않고 솔직하게 행동하는 건 너 자신에게 착한 거야. 주저 없이 착하게 '싫어' 하고 말하자!

3 모욕이나 공격을 당하면, 감정에 휩싸여서 못된 말이나 행동을 하게 되지. 이런 경우에는 (단 1초라도) 시간을 갖고, 네가 느끼고 있는 게 무엇인지 분석을 해보자. 분노일까? 슬픔일까? 아니면, 실망일까? 그러고 나면 네 감정을 말로 표현하는 데에 도움이 될 거야. 나중에 너의 말이나 행동을 후회할 일도 없을 테고 말이야!

평등하다는 건 무슨 뜻일까?

수학에서는 평등한 수량이란 곧 똑같은 수량을 뜻하지.
하지만 이 말이 사람에 대해서 쓰이면, 조금 더 복잡해져.

평등하다는 건, 같은 가치를 갖는다는 뜻이야.

평등해지려면, 나누어 갖는 법을
알아야 해. 평등이란 과연 모든 사람에게
정확하게 똑같은 것을 지급하는 걸까?

평등이란 노력하는 사람,
혹은 더 좋은 성과를 거두는 사람들에게만
보상하는 데에 있는 걸까?

평등이란, 삶에서 불리한 조건에
있는 사람들에게 혜택을
주는 것을 의미할까?

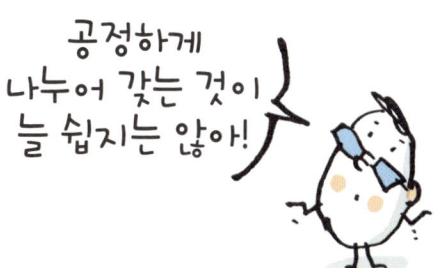

공정하게 나누어 갖는 것이 늘 쉽지는 않아!

평등에는 어떤 쓸모가 있을까?

내가 남들과 평등한 대우를 받는 사람이구나, 하고 느끼는 게 중요해요.

공정하다는 느낌이 들면 기분이 좋죠.

더불어 잘 살아가려면 평등은 없어서는 안 되죠!

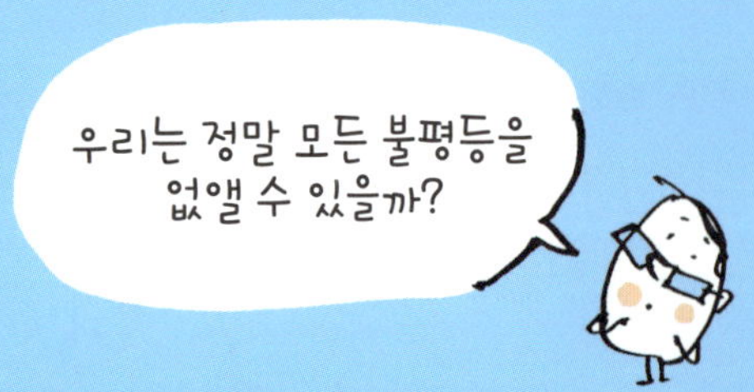

우리는 정말 모든 불평등을 없앨 수 있을까?

그러면 너는, 어떨 때 인류가 평등하다고 생각해?

고정관념은 이제 그만!

여자아이나 남자아이에 대한 고정관념을 보여주는 그림에 모두 '그만'이라고 큰 글자로 써보자. 그런 다음 네가 지금 어떤 여자아이, 남자아이인지 그려보고, 또 커서 어떤 남자, 여자가 되고 싶은지도 그려보자.

우리 가족의 규칙!

가족 모두의 참여를 이끌어서, 가족 구성원 모두의
평등을 지키기 위한 규칙을 만들고 써보자.
이때 주의할 것! 평등에는 권리도 있지만, 의무도 있다는 걸 잊지 말기!

아이들은 다음과 같은 권리를 갖는다.

- 저녁 먹기 전에 놀기
- 하루 30분 텔레비전 보기
- ......
- ......
- ......
- ......

엄마와 아빠는 다음과 같은 권리를 갖는다.

- 일요일 늦잠 자기
- 퇴근하고 돌아와서 잠깐 휴식하기
- ......
- ......
- ......
- ......

아이들은 다음과 같은 의무를 갖는다.

- 잠자기 전에 이 닦기
- 매일 식탁에 수저와 그릇 놓기
- ......
- ......
- ......
- ......

엄마와 아빠는 다음과 같은 의무를 갖는다.

- 잠자기 전에 이 닦기
- 주말에만 식탁에 수저와 그릇 놓기
- ......
- ......
- ......
- ......

불평등에 맞서 싸우기 위한 길잡이 셋

① 식당에서 너에게 친구들보다 감자튀김을 적게 줬다고? 엄마, 아빠가 누나나 형한테는 안 그러는데 너한테만 엄하게 구시는 것 같아? 남들과 다른 대접을 받는다고 느낄 때, 이걸 참기란 어려운 법이지. 이럴 때는 차분하게 너 자신의 관점을 만든 다음, 지금 이 상황이 말이 되는 건지, 안 되는 건지에 대해 관련된 사람들과 함께 생각하고 판단해 보자.

② 운동장에서는 여자아이들보다 남자아이들이 자리를 더 차지할 때가 많지. 또 수줍은 학생들은 교실에서 자기 의견을 남들만큼 표현하지 못해. 어떤 습관들은, 아주 오래전부터 그랬다는 이유로 자연스럽게 받아들여지기도 해. 하지만 네가 보기에 그것이 불공정하다면, 꼭 받아들일 필요는 없어! 사람은 모두 같은 기회를 갖고, 같은 방식으로 대우를 받아야 해. 그렇게 되도록 감시하는 것이 우리의 몫이겠지!

③ 불평등과 맞서 싸우고 싶다고? 그렇다면 네가 너보다 어린 아이, 너보다 약한 아이에게 어떻게 행동하는지 주의 깊게 살펴보자. 그리고 괴롭힘 당하는 친구를 본다면, 친구가 그 사실을 알리는 걸 도와주거나, 네가 어른들에게 이야기를 해보자. 이런 괴롭힘의 이유는 한심할 때가 많아. 피부색 등이 다른 아이라서 그랬다거나, 그저 여자아이라서 괴롭혔다거나 하는 식으로 말이야.

우리는 왜 거짓말을 할까?

우리는 가끔 거짓말을 해. 이유는,
벌을 마주하거나 내 잘못을 인정할 자신이 없기 때문이야.

그런데 때로는 남들을 웃기거나, 주목받거나, 부러움을 사거나,
사랑받기 위해서도 거짓말을 해.

때로는 사랑하는 사람을 보호하기 위해서도,
그 사람이 마음 아파할까 봐서도 거짓말을 해.

때로는 누군가의 생명을 구하기 위해서, 혹은 스스로 위험한 상황에서
벗어나기 위해서 거짓말을 피할 수가 없어.

거짓말을 가끔 한다고? 많이 한다고?
아니, 전혀 하지 않는다고?

거짓말이 늘 좋은 해결책일 수야 없지.
하지만 가끔은 진실이 무서울 때가 있거든.

나 자신에게 하는 작은 고백

다음과 같은 경우 네가 지어냈던 크고 작은 거짓말에 대해 얘기해 보자.

직접 해보자!

누군가를 기쁘게 해주려고

누군가에게 상처를 주지 않으려고

재미있는 사람이 되고 싶어서

야단맞기 싫어서

또 다른 이유 ....

나 자신에게는 거짓말을 못 하는 법이지. 앗, 이것도 거짓말이었네!

앗, 코가 없네!

코 없는 사람들의 거짓말 크기에 맞춰서 기다란 코, 짧은 코를 그려보자.

둘러대기 동서남북 접기

준비물:
- 종이 한 장
- 서로 다른 8가지 색의 사인펜

① 그림을 보며 종이를 접고 자른다. '접기 순서 10번'에서 멈출 것.

② '접기 순서 10번' 종이의 모든 삼각형에 각각 다른 색으로 동그라미를 그린다.

③ 그리고 뒷면에는 하기 싫은 일을 피하려고 둘러댈 때 써먹을 만한 재미있는 거짓말을 지어내 적는다.

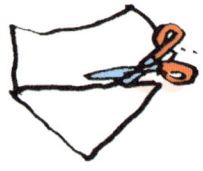

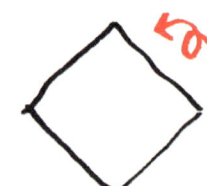

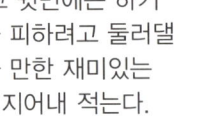

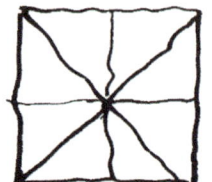
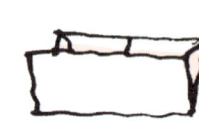

(접기 순서 10번)

거짓말의 예:
- 난 안 돼, 수영장 가는 날이야.
- 난 안 돼, 알레르기가 있어서.
- 난 안 돼, 영국 왕한테 초대를 받아서 가야 되거든.
- 난 안 돼,

거짓말 같은데 진실? 진실 같은데 거짓말?

다음에서 거짓말이 떠오르는 어휘는 빨간색으로,
진실이 떠오르는 어휘는 녹색으로 동그라미를 쳐보자.
둘 다 떠오르는 낱말도 있다고? 그럼 왜 그랬을지 설명을 해보자.

농담하다   배우다

배신하다   꿈꾸다

잘난 체하다   핑계대다

약속하다   지어내다   속이다

설명하다   고백하다

정돈하다   보호하다   지키다

거짓말쟁이를 가려내기 위한, 그리고 앞으로 거짓말을 (너무 많이는) 하지 않기 위한 길잡이 셋

1 거짓말 탐지기가 있었으면 좋겠다고? 주의 깊게 살피기만 해도 충분할 때가 있어. 너한테 이야기를 하면서 딴 데를 보는 사람, 꼭 필요도 없는 말을 (너무) 많이 하는 사람, 숨을 이상하게 크게 쉬는 사람 등등은 지금 헛소리를 하고 있는지도 몰라. 눈을 크게 뜨자!

2 네가 말이 너무 빠르다고? 조심해야 해. 어떤 거짓말이 (거의) 저절로 튀어나와 너를 곤란한 상황에 빠뜨릴지도 모르니까! 잘못을 저질렀다는 걸 도저히 말 못 하겠다고? 그럴 땐 네가 한 게 아니라고 우기며 거짓말을 하는 대신 침묵을 지키자. 그리고 선물을 열어보니 마음에 안 들었을 땐…… "와, 너무 예쁘다" 하고 말하는 대신, 예쁜 미소와 함께 고맙다고 말하는 게 어떨까?

3 우리가 거짓말을 남들에게만 하는 게 아니라는 건 이미 알고 있겠지? 우린 자신에게도 지어낸 말을 할 때가 있어. 내 양심을 속이기 위해서, 괴로움을 피하기 위해서, 문제를 피하기 위해서…… 나 자신에게 정직해진다는 건 가장 어려운 일일 때도 많지만, 동시에 나 자신을 더 잘 알 수 있고, 나 자신을 한껏 자랑스러워할 수 있는 길이기도 해.

유명 스타가 되면 뭐가 좋을까?

유명 스타가 되면, 많은 것들이 가능해져.
사랑받고 숭배받는다고 느낄 수 있고,
내가 누구와도 다른 세상 유일한 존재라고 느낄 수 있고,
좋은 집과 좋은 차를 가질 수 있고,
예쁜 옷을 입고 비싼 구두를 신을 수 있고,
세상 곳곳을 여행할 수 있을 뿐 아니라,
어떤 사상을 옹호하거나 남들을 돕는 데에도 유용하겠지.

그래서 스타가 될 수만 있다면
물불을 가리지 않는 사람들이 있는 거지!

그런데, 유명 스타가 되고 나면 우리는 행복해질까?
꼭 그렇다고는 말할 수 없어. 왜냐면 스타라는 건
곧 쫓아다니는 팬들이 많다는 것, 별로 원하지 않는
때에도 사진이나 영상이 찍힌다는 것, SNS에서
비난의 대상이 되는 것, 때로는 숨어 살아야 한다는
것을 뜻하거든……

그래서 어떤 스타들은
기를 쓰고 관심에서 벗어나려 하는 거지!

스타는 바로 너!

너는 어떤 점에서 남다른 스타로 통하고 싶어?
아래 인물에 네 얼굴 사진을 붙이고, 네가 받을 상의 이름을 완성해 보자.

○○상

너의 '최애' 스타는?

네가 특히 좋아하는 스타는 누구야? 여기 그 사람들의 사진을 붙이고
(그림을 그려도 괜찮아), 네가 그 사람들의 어떤 점에 열광하는지 설명을 해보자.

그 사람의 한마디

유명인들이 남긴 말을 이용해서 교훈 마그넷을 만들어보자.

준비물:
- 마분지
- 풀
- 투명한 니스
- 자석 테이프

① 아래 인용문 중에서 가장 마음에 드는 것을 골라보자. 네가 붙이고 싶은 다른 인용문이 있다면 그걸 골라도 좋아. 이 문장들을 마분지 여러 장에 크고 굵은 글자로 인쇄하거나 써보자. 이때 자석과의 접착 면이 작으므로 종이는 너무 넓지 않게 자르기!

② 1의 종이들을 같은 크기로 자른 마분지에 겹쳐 붙이고, 이것에 자석 테이프를 붙이자.

③ 투명 니스로 칠하자.

"용기란 두려움이 없는 것이 아니라, 두려움의 근원을 물리치는 능력이다."
– 넬슨 만델라

"인생은 꿈으로, 꿈은 현실로 만들어라."
– 앙투안 드 생텍쥐페리

"모두가 좋아하는 걸 좋아하지 않는다고 해서 뒤처진다 생각지 말라."
– 에마 왓슨

"차이를 만들어내지 못할 만큼 미약한 사람은 없다."
– 그레타 툰베리

"뛰는 게 무슨 소용인가, 중요한 건 때맞춰 출발하는 것이다." – 장 드 라 퐁텐

유명 스타에 대해 성찰하기 위한 길잡이 셋

① 때론 스타들이 마치 전에 만난 듯 아는 사람 같을 때가 있지. 하지만 유명세 뒤에 숨어있는 '진짜' 사람됨을 알 만한 사람은 스타들의 가까운 친구나 가족 말고는 없을 거야. 왜냐하면 우리가 스타에 대해 아는 건 그가 우리에게 보여주고 싶어하는 이미지나, 대중 사이에 통하는 판단이 전부이니까 말이야.

② 기분이 매우 가라앉을 때, 혹은 꿈을 이루려는 길에서 내쳐졌거나 무력하다고 느낄 때, 우리는 아름다워서, 혹은 능력이나 성취가 뛰어나서 우리의 사랑을 받는 스타들은 우리보다 더 즐거운 삶을 산다고 상상하고 그걸 부러워하기도 해. 하지만 완벽한 삶을 사는 사람은 없어. 스타들도 남들처럼 장점과 단점이 있고, 성공과 실패를 거듭하는 사람일 뿐이야.

③ 내가 나를 스타로 만들 수 있다는 거, 알고 있어? 네가 장애물을 하나 뛰어넘을 때, 혹은 전에는 도무지 해낼 수 없던 일을 해낼 때, 너의 성공을 만끽하는 시간을 가져 보자. 그 순간은 바로 너도 스타가 되는 거야! 그렇다고 너무 우쭐댈 필요까지는 없지만 말이야.

전쟁은 왜 일어날까?

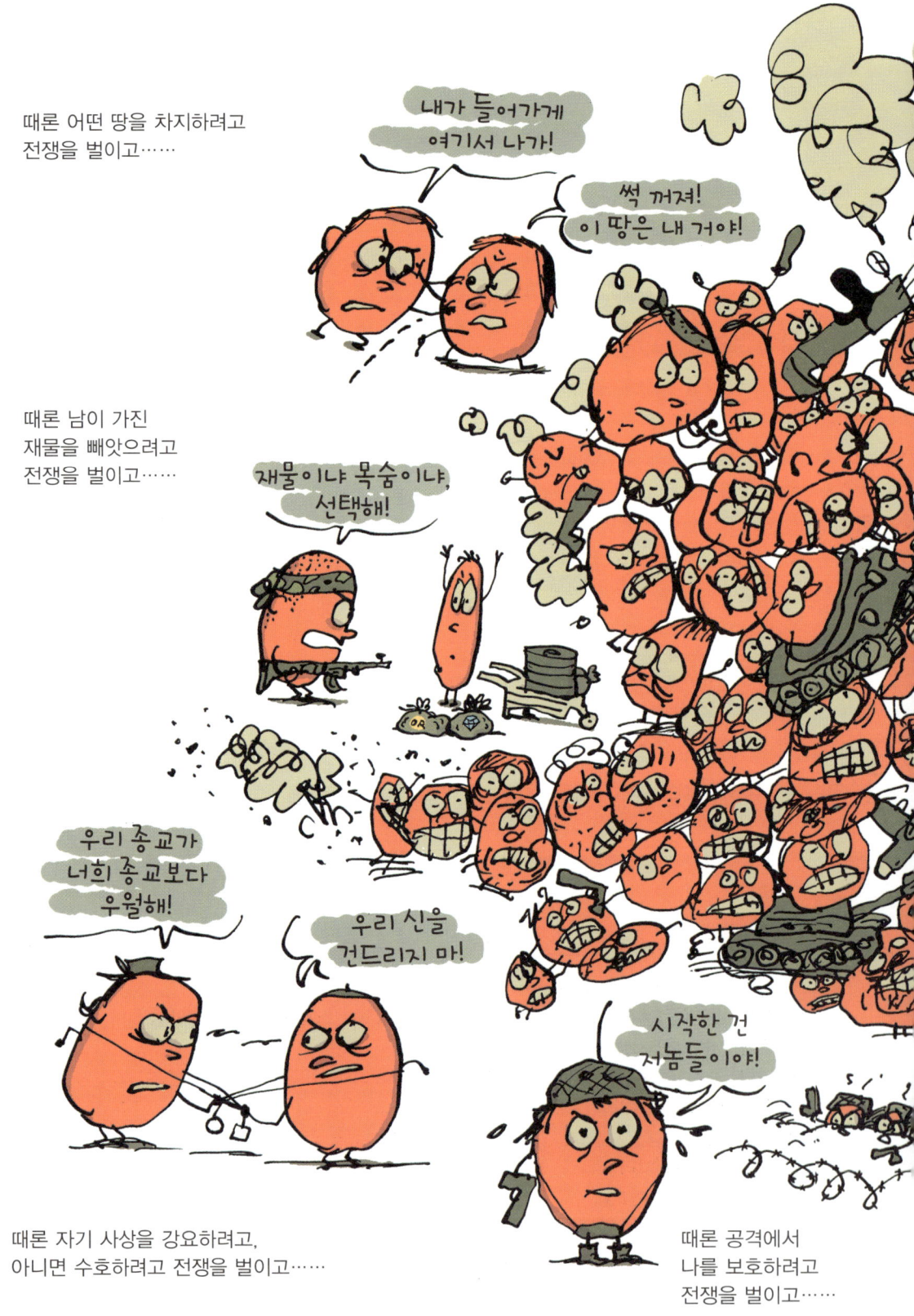

때론 어떤 땅을 차지하려고 전쟁을 벌이고……

때론 남이 가진 재물을 빼앗으려고 전쟁을 벌이고……

때론 자기 사상을 강요하려고, 아니면 수호하려고 전쟁을 벌이고……

때론 공격에서 나를 보호하려고 전쟁을 벌이고……

때론 자기 용기를 증명해 보이려고 전쟁을 벌이고……

때론 내가 더 힘이 세다는 걸 보여주려고 전쟁을 벌이고……

때론 더 이상 함께 살 수 없어 전쟁을 벌이고……

때론 자유를 되찾으려고 전쟁을 벌이지.

전쟁 없는 세상, 과연 가능할까?

그럼
- 불공정을 줄이도록 노력하면 되니까.
- 우리와 생각이 다른 사람들과 논쟁하는 법을 배워나가면 되니까.
- 평화란 이루어 가는 것이니까!

아니
- 인간은 살아남으려고, 영토와 재물을 지키려고 언제나 전쟁을 해왔으니까.
- 평화롭게 살려면 전쟁을 준비해야 하니까.
- 인간은 위험을 무릅쓰고 감수해야 하는 존재이니까.

온 지구에 평화가 만발하는 날이 과연 올까? 그 답은 언제나, 가장 위대한 사상가들 사이에서도 엇갈렸었어. 이 질문에 대한 네 생각은 어때?

전쟁을 없애자!

전쟁은 괴물처럼 무섭고 흉측하지. 그 괴물이 사라질 수 있도록,
네가 하고 싶은 일이나 괴물에게 하고 싶은 말이 있을까?
아래 말풍선에 그것을 그리거나 써보자.

직접 해보자!

평화의 빛깔

꽃, 비둘기 등 평화의 상징을 더 그려서
아래 전쟁 병기들을 평화의 도구로 바꾸어 보자!

자그마한 위안

떨어지는 폭탄 아래 살고있는 어린이들이 있다는 말을 들으면 정말 슬퍼진다고?
아래의 문장들을 완성해서 네가 느끼는 것을 표현하고,
전쟁을 겪는 모든 사람들을 응원하는 네 마음을 전해 보자.

……………………………… 에게 보내는 편지.

너에게 ……………………………………………………………………………………

……………………………………………………………………………………… 라고

말하고 싶어 편지를 써.

내가 할 수만 있다면, 너에게 ………………………………………………………

……………………………………………………………………………………… 를

보내줄 텐데.

너와 …………………………………………………………………………………

……………………………………………………………………………………… 를

하며 함께 놀 수 있었으면 좋겠다.

위로와 안심을 전하고픈 마음에, 너에게 이 노래

………………………………………………

……………………………………………………………………………………… 를

불러주고 싶어.

마음 깊이 너를 생각하며, 너를 위해 ………………………………………………

……………………………………………………………………………………… 라고

기원할게.

평화 만만세!

평화를 옹호하는 구호를 만들어보자.

- 평화를 바란다면, 당신이 할 일은 .... 이다.
- 전쟁은 이제 그만! .... 을 하라!
- 평화 2행 시:
  평 ....
  화 ....

전쟁 없는 세상을 준비하기 위한 길잡이 셋

1 네가 기분이 나쁠 때, 누군가를 시샘할 때, 혹은 불행하다고 느낄 때 폭력적인 말이나 행동을 하게 될 수 있어. 그럴 땐 조금 힘이 드는 일이더라도 네가 상처를 준 사람들에게 사과하는 게 중요해. 폭력이란 마치 전염병과도 같아서, 곧바로 막아서지 않으면 난리나 전쟁으로 발전할 수 있거든!

2 전쟁을 이미 겪어본 사람들(어쩌면 너의 증조부모님?)은 인간은 왜 줄곧 서로 싸우는 걸까, 하는 질문을 아마도 하고 있을 거야. 지난날의 잘못을 반복하지 않기 위해서는, 그리고 지금 다른 곳에서 벌어지는 일을 따라가지 않기 위해서는, 역사에 관심을 가지고 신문과 라디오 등을 통해 정보를 습득하는 것이 중요해.

3 우리 한 사람 한 사람도 평화 건설에 작은 돌 하나를 보탤 수 있어. 남이 너에게 하면 싫을 짓을 남들에게 절대로 하지 않도록 애쓰자. 누군가를 따돌리거나 비난하는 일은 언제나 거부하자. 다른 친구들이 그렇게 하더라도 말이야. 부당한 일에는 네가 믿을 수 있는 어른들에게 도움을 청하고 언제나 맞서자. 너하고 생각이 다른 사람이 있다고? 화내지 말고 대화에 응해야지. 평화조약은 그렇게 맺는 거거든!

준다는 건 무얼까?

준다는 건, 아무런 대가를 바라지 않고 내가 무언가와 헤어지기를 받아들이는 거야. 그리고 이건 그렇게 쉽지 않아!

누군가에게 도움이 되길 바라며 줄 수 있어.

누군가를 사랑한다는 걸 보여주기 위해서 줄 수도 있지.

남을 기쁘게 하면 기분이 좋기 때문에 줄 수도 있고.

주는 걸 통해서, 우리는 스스로 좋은 사람이 된 느낌을 받기도 하고, 사랑받는 느낌을 받기도 해.

그런데 우리는 정말로 우리가 줌으로써 받을 수 있는 것을 계산하지 않고 주는 걸까?

교환한다는 건 무얼까?

교환한다는 건, 무언가를 받고 다른 것을 건네는 걸 의미해.
그렇다고 교환이 언제나 균형을 이루지는 않아.

갖고 싶은 물건, 필요한 물건을 얻기 위해 교환을 해.

누군가와 신뢰 관계를 만들기 위해 교환을 할 수도 있지.

서로가 무언가를 얻는 기쁨을 위해 교환을 할 수도 있어.

교환되는 것은 언제나 같은 가치를 가질까? 모두가 정말로 남는 장사를 하는 걸까?

그래서, 주는 것?
아니면 교환하는 것?

주는 것이나 교환하는 것은 모두 누구나 이 세상에 혼자 살지 않는다는 걸 인정하고, 남들에게 자리를 내어주길 받아들인다는 의미를 가져.

누군가와 무엇을 교환한다는 건, 나의 일부를 조금은 주는 것일 때가 많지.

또 나를, 나의 시간을 준다는 건 타인과의 교환의 한 모습일 수 있고 말이야.

그러면 너는 주는 것과 교환하는 것, 어느 쪽을 더 좋아해?

물물교환 만세!

너와 친구들의 부모님들이 허락하시면, 장난감을 교환하는 간식 파티를 마련해 보자. 모두가 이제는 쓰지 않는 장난감이나 게임기 3~4개를 상자에 담아 와서, 다른 아이들이 가져온 것과 교환하는 거야. 이때 주의할 점은, 돌아갈 때 모두가 만족할 수 있도록 상태가 좋은 장난감을 가져와야 해. 망가진 장난감을 떠넘기는 건 금물!

마음의 선물

너는 이 사람들에게 무엇을 주고 싶어? 그리고 그 이유는?
사람, 네가 주고픈 선물, 그 이유를 선으로 연결해 보자.

남자친구, 여자친구	꽃다발	장난삼아서
할머니, 할아버지	포켓몬 카드	사랑을 전하고 싶어서
가장 친한 친구	과자	기쁘게 해주고 싶어서
남동생, 여동생	구슬치기 주머니	곤란하게 만들고 싶어서
학교 선생님	그림	뽀뽀를 받고 싶어서
너의 천적	사탕	그 사람에게 무언가를 받고 싶어서
아빠	반지	고마움을 전하고 싶어서
엄마	네가 아끼는 만화책	그 사람이 내 생각을 하게 만들려고
………………	………………	………………
………………	………………	………………
………………	………………	………………
………………	………………	………………

교환, 준비됐어?

아래 그림 속 상황이 네 마음에 들면 ☺을,
도무지 마음에 들지 않으면 ☹을 그려 보자.

남자친구 혹은 여자친구와
뽀뽀 주고받기

친구와 생각을
교환하기

휴가 때 집을
교환하기

형제나 자매와 방을
교환하기

친구와 옷을
교환하기

마음을 잇는 상자

크리스마스를 맞이해서 가진 것 적은 사람을 위한 선물 상자를 준비하는 건 어떨까? 거기에 아래와 같은 것들을 넣어보는 거야.

- 방한용품: 털모자, 장갑, 목도리……
- 샤워용품: 비누, 샴푸……
- 식료품: 라면, 통조림, 초콜릿……
- 책, 카드 한 벌, 잡지……

여기에 짧은 인사말이나 시, 그림을 보태고 포장지로 상자를 싸자. 그리고 부모님의 도움을 받아 주민센터나 지역 자선단체에 문의해서, 필요한 사람에게 상자가 전달될 수 있도록 부탁하자.

작은 결산

네가 올해 들어 사랑하는 사람들에게 준 것을 그려보자.
그리고 옆에는 그 사람들에게 받고 싶은 것을 써보는 거야.

	네가 준 것	네가 받고 싶은 것
엄마		
아빠		
할머니, 할아버지		
남동생, 여동생		
가장 친한 친구		
그 밖에 다른 사람 …………		

주기와 교환하기를 위한 길잡이 셋

1 물건만 주거나 교환할 수 있는 게 아니야. 아픈 친구 문병을 가거나, 엄마 생일날 아침을 차려 침대로 갖다 드리거나, 노인의 장바구니를 들어드리거나, 동생에게 동화책을 읽어주거나…… 이런 친절한 행동들도 다 너를 내어주는 것이지.

2 인류는 언제나 지식과 생각을 서로 교환하면서 학문과 사상을 완성하고 다져왔어. 토론에 참여할 때는, 참여하는 모든 사람이 받은 만큼 줄 수 있게끔 발언 기회가 공평하게 돌아가도록 신경을 쓰자. 그렇게 되어가지 않을 때에는 주저 없이 이야기를 하고!

3 주거나 교환할 수도 있지만, 빌려줄 수도 있어. 물론 너에게 무언가를 빌린 사람이 그것에 흠집을 내거나, 심지어 망가뜨릴 위험은 항상 있어.
이런 경우도 미리 생각하는 게 중요하지. 하지만 네가 진심으로 믿는 사람, 진심으로 기쁘게 해주고 싶은 사람을 위해서는 이런 위험을 감수할 수도 있겠지? 이런 경우라면, 이것도 '주기'와 별로 다르지 않아!

친구란 무얼까?

친구란, 내가 좋아하는 사람을 말하는데……

애인과는 다르고……

'친한 사람'보다는 더 좋아하는 사람이지.

친구와 함께하는 선택은……

서로 닮아서 할 때도 있고, 서로 달라서 할 때도 있어.

친구란, 모든 걸 함께 나눌 수 있는 사람을 말해.

좋은 시간이든……

또 나쁜 시간이든!

친구란, 뭐든 말할 수 있는 사람을 말해.

대단한 비밀이든……

하기 어려운 말이든.

친구란, 의지할 수 있는 사람을 말해.

친구는 언제나 곁에서 우리를 돕지.

친구라면 우리는 뭐든 부탁할 수 있어.

영원한 친구?

배반감을 느끼면, 친구로 남는 게 불가능해지기도 해.

살다 보면 때론 본의 아니게 친구 사이가 멀어지기도 하지.

그렇지만 평생 간직하는 친구도 있어.

우정 메달 만들기

가장 친한 친구에게 너의 메달과 합치면 하나가 되는 메달을 선물해 보자. 우정의 증표로!

준비물:
- 자연응고되는 반죽
- 그림물감
- 70cm 길이의 리본이나 노끈

① 하트, 퍼즐 조각, 나비, 축구공 등 너의 우정을 상징할 수 있는 걸 고른 뒤, 그 모양을 반죽으로 빚고 공기 중에서 굳히자.

② 반죽이 완전히 굳기 전에 둘로 자르고, 각 반쪽 반죽에 이쑤시개 등을 사용해 구멍을 뚫자.

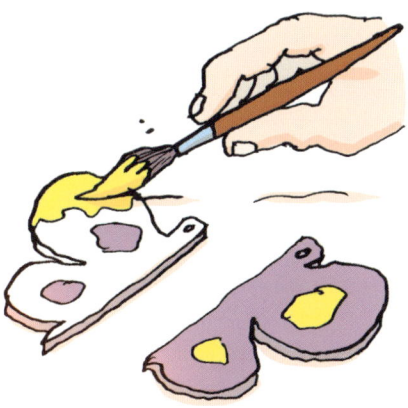

③ 반죽이 완전히 마르고 나면, 서로 다른 두 가지 색으로 색칠을 해보자.

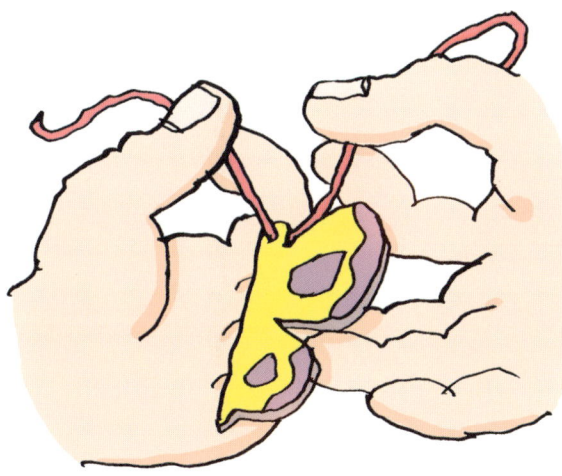

④ 리본이나 노끈을 반으로 자르고, 각 반쪽 메달 구멍에 끼우자.

45

친구 수첩

친구 수첩을 간단히 만들어볼까? 아래 모양대로 종이를 여러 장 인쇄하고, 왼쪽 여백에 구멍 두 개를 뚫어 끈으로 묶자. 만든 수첩에 친구들에 대해 설명하고, 너희 우정의 중요했던 순간이 어땠는지 그 이야기를 들려줘. 그 과정에서 너도 네가 그 친구들을 왜 그토록 좋아하는지 다시 한번 되새기게 될 거야!

| 친구의 얼굴을 그리거나 사진을 붙이자. |

친구 성: ....

친구 이름: ....

어떻게 서로 알게 됐는지: ....
....

친구의 가장 큰 장점: ....
....

친구의 (자그마한!) 단점: ....

함께한 가장 좋은 추억: ....
....

가장 심했던 말다툼: ....
....

둘이 배꼽 잡고 가장 크게 웃은 일: ....
....
....

친구로서 너의 장점

아래에서 너를 정말 좋은 친구로 만들어주는 장점이 무엇이라고 생각하는지, 파란색으로 동그라미를 쳐보자. 그런 다음 친구들에게 각자 다른 색으로 너의 어떤 장점을 좋아하는지 동그라미를 쳐달라고 하는 거야. 물론 다른 어휘를 더 넣어도 돼!

창의력   친절함   은은한 광기   너그러움   믿음직함
참을성   긍정적임   힘이 셈   기발함
호기심   상상력   필요할 때 곁에 있음   유머   정직함
이해력   감수성

미로 게임

두 친구가 장애물을 피해 서로 만날 수 있도록 돕자!

우정을 기리기 위한 길잡이 셋

1 함께 배꼽 잡고 깔깔깔 웃는 친구가 반드시 비밀을 털어놓을 수 있는 친구인 건 아니야. 여름 캠프 기간만, 혹은 한 학년 동안만 지속되는 짧고 강렬한 우정이 있는가 하면, 평생 계속되는 우정도 있어. 우정에는 친구의 수만큼이나 많은 형태와 기간이 있지. 중요한 건 함께한 좋은 시간들과 거기서 남는 추억이야!

2 친구 사이라는 건, 꼭 언제나 뜻이 같아야 하고, 같은 취향을 가져야 하고, 모든 일을 늘 함께해야 한다는 뜻은 아니야. 우정이란 다투고 나면 화해할 수 있는 것, 우리가 서로 다름에도 서로 좋아할 수 있다는 걸 이해하는 것, 서로에게 온전히 혼자일 수 있는 여지를 남겨주는 것을 의미해.

3 친구가 내게 상처를 주면, 때로는 우정도 끝이 나면서 우리를 슬픔에 빠뜨리기도 하지만…… 이 슬픔은 파도랑 조금 비슷해. 처음엔 아주 크게 일어나다가, 조금씩 조금씩 가라앉지. 그러다가 함께한 좋았던 시간들을 되새겨도 슬퍼지거나 화가 나지 않는 때가 언젠가 와. 그때가 새로운 우정들을 만들어갈 수 있는 때야.

"무슨 말이나 다 할 순 없지, 남들에게 상처 주는 말들도 있으니까."

"어떤 말은 못하게 금지하는 법도 있어. 인종차별적 발언이라든가."

"누군가 비밀을 털어놓으면, 우린 그 말을 옮기면 안 돼."

"쉿!"

아니

"거짓말도 하면 안 되지."

"벌을 받을지도 몰라."

"진실이 싸움을 붙일 수도 있어."

"상소리를 하는 건 무례해."

무슨 말이나 다 할 순 없어!

"이것 봐라…… 정말 쉽지 않은 주제네!"

너라면 어떻게 할래?

짧은 만화 세 편을 읽고,
어떤 결말을 선택할지 골라 보자.

- ☐ 이렇게 소리 지른다: "아니에요! 아무튼 전 시는 관심 없단 말이에요!"
- ☐ 공부는 했지만, 사람들 앞에서 시를 읊자니 주눅이 들어서 그렇다고 설명을 한다.
- ☐ 아무 말도 하지 않고, 다음 쉬는 시간에 혼자 운다.

- ☐ 친구가 기분 상할까봐 이렇게 말한다. "음…… 정말 멋지다!"
- ☐ 이렇게 말한다. "솔직히 말해서, 흉측해! 길에서 주운 줄 알겠어."
- ☐ 이렇게 말한다. "나는 개인적으로 별로지만, 누구나 자기가 좋으면 된 거지."

- ☐ 비밀을 옮기지 않겠다고 맹세했으므로, 혼자만 알고 있다.
- ☐ 친구가 믿을 만한 다른 어른에게 털어놓도록 친구를 설득한다.
- ☐ 너무나 심각한 비밀이라는 생각에, 내가 다른 어른에게 털어놓는다.

할 수 있을까, 없을까?

초록 말풍선에는 네 주변 사람들에게 할 수 있거나 하기 좋아하는 말을,
빨강 말풍선에는 하면 안 되는 말을 적어보자.

너, 이래서 그랬구나!

아래와 같이 작은 카드를 만들어서 가까운 사람들에게 건네보자. 네가 말로는 하기 어려울 것들을 그 사람들이 이해할 수 있도록 말이야. 그러고 그 사람들에게도 같은 카드를 만들어달라고 해볼까? 네가 그 사람들과 더 잘 지낼 수 있도록!

네가 이럴 때 나는 행복해:
- 나에게 .... 할 때
- 나에게 .... 라고 말할 때
- .... 할 때

네가 이럴 때 나는 슬퍼:

네가 이럴 때 나는 화가 나:

안성맞춤 새 말 만들기

아래 어휘 중 하나의 앞부분, 또 하나의 뒷부분을 섞어 '새 말'을 만들어서, 그 새 말로 네가 마음으로는 느끼면서도 말로는 표현하기 힘들었던 모순된 감정을 표현해 보자. 여기 없는 단어들로 재미있는 혼성어를 만들어봐도 좋겠지!
예) 나 기분이 슬운하다. ('슬프다'와 '서운하다'를 섞어 쓴 말이야!)

기쁘다	화나다	겁먹다	놀라다	귀찮다	슬프다
만족하다	피곤하다	뿌듯하다	심심하다		당황하다
배고프다	시원하다	용감하다	따뜻하다		답답하다
억울하다	신난다	웃기다	서운하다		예민하다

말 상자 만들기

너희 가족 모두가 짧은 글을 써서 집어넣을 수 있는 상자를 만들자. 가족들이 마음에 품고 있는 말, 아이디어 제안, 마음에 들지 않는 것에 대한 의견 등을 써서 넣는 거야. 매주 시간을 잡아 가족이 모인 가운데 네가 거기 담긴 짧은 글들을 읽고, 모두 함께 그에 대해 토론을 해보자.

준비물:
- 빈 신발 상자
- 커터칼(어른의 도움을 받을 것)
- 물감

① 어른의 도움을 받아, 상자 뚜껑에 1cm x 12cm의 틈을 잘라내자.

② 네가 원하는 색으로 상자를 칠한 뒤 말리자.

③ 상자를 집안 통로 한곳에 놓아두고, 곁에 메모지 묶음과 필기구도 함께 놓아두자.

말을 해도 되는 것과 하면 안 되는 것을 잘 가리기 위한 길잡이 셋

① 말이란, 굳이 글로 쓰지 않더라도, 허공중으로 그냥 흩어져버리는 것이 아니야. 말은 듣는 사람을 기쁘게도, 마음 편하게도, 놀라게도 할 수 있지만…… 또 상처를 입힐 수도 있어. 너의 말은 반드시 남들에게 (긍정적이든 부정적이든) 감정을 불러일으키게 되지. 입을 떼기 전에 많이 생각하는 것, 그리고 뜻을 전하기에 적절한 순간을 잘 고르는 것이 중요해!

② 부모님이 너에게 말씀을 하다 마는 것 같은 때가 있다고? 그래서 걱정이 되고, 뭔가 잘못한 느낌이 든다고……? 부모님에게 말을 해서 네 생각을 알리되, 아이들과 모든 걸 공유할 수는 없는 어른들의 입장을 받아들이도록 하자. 부모님에게 일어나는 일은 절대로 네 책임이 아니라는 사실도 잊지 말고.

③ 어려운 일을 만나거나 겪었다고? 뭔가 너를 위협하는 느낌이 들거나, 누군가 위험에 처한 걸 알게 됐다고? 네가 신뢰하는 어른에게 이야기를 해서, 너무 무거운 비밀을 혼자 간직하지 않도록 하자. 믿을 수 있는 어른들만이 마련해줄 수 있는 해결책도 있는 법이거든.

인종차별, 그게 뭐지?

어떤 사람들은 인류에 서로 다른 '종'들이 있고,
자기와 닮지 않은 사람들은 자기와 가치가 다르다고 생각을 해.

프랑스에서, 인종차별은 범죄야.
인종차별적 말과 행동은 법에 따라 처벌을 받아.

인종차별은 어떻게 시작될까?

인간은 서로 다 달라. 한 사람 한 사람이 세상 하나뿐인 존재이기 때문이지.
그래서 어떤 사람들은 심지어 사람들 사이에 공통점이라는 게
과연 있는 걸까 하는 질문을 하기도 해.

많은 사람은 자기가 모르는 대상을 경계하는 경향이 있어.
그건 다름이 두려움을 불러일으킬 수 있기 때문이야.

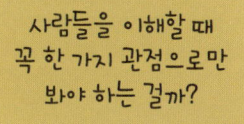

어떤 사람을 이해하지 못할 때, 누구나
상대를 더 잘 알려고 애쓰는 건 아니야.

집단에 속해 있으면 안심이 돼. 그래서 어떤 사람들은
그 집단에 속하지 않은 사람들을 밀어내고 싶어하는 거고.

서로 달라도 더불어 잘 살 수 있을까?

다름은 인류라는 대가족을 풍요롭게 만들어줘.
그럼 그 다름을 어떻게 존중할 수 있을까?

함께 모일 때, 우리는 늘 좋은 가치를 중심에 두고 있을까?

서로 알아가는 것, 그건 겉모습을 뛰어넘어 함께 모일 방법을 찾는 거야.

그렇다고 다른 사람들의 모든 걸 받아들여야 하는 걸까?

누구나 세상에 하나뿐인 사람이라는 걸 깨달으면, 차이를 더 잘 받아들일 수 있게 돼.

인종차별에 반대하는 포스터 만들기

아래 그림을 복사하고, 거기에 인종차별에 반대하는 인용문을 옮겨쓰거나 네가 직접 표어를 만들어 써서 포스터를 만들어보자. 그리고 선생님께 교실 벽에 걸어도 되겠는지 여쭤보자.

"인종차별은 인류에 난
가장 참혹한 상처다."
– 뤼시 오브라크

"인종차별은 무지에 입히는
외투와 같다."
– 카마 시오르 카만다

"우리는 형제처럼 함께 살아가는 법을
배워야 한다. 그러지 않으면
바보처럼 함께 망할 것이다."
– 마틴 루서 킹

"인종차별주의자란
자기와 다른 사람을 위협이라
여기는 사람이다."
– 타하르 벤 젤룬

이것이 소외감일까?

네가 소외됐다고 느낀 순간들을 떠올리며 아래 표를 채워보자. 그런 다음엔 어떻게 해야 그런 일을 막을 수 있었을까, 너 자신에게 질문을 해보자.

네가 소외됐다고 느낀 순간	그때 든 느낌	그때 든 생각	그때 너는 어떻게 할 수 있었을까
축구를 하고 싶었는데 아이들이 내가 너무 뚱뚱하다고 했다.	거부당한 것 같고, 따돌림당한 것 같고, 내 몸이 불편하게 느껴졌고, 잘못을 저지른 느낌이었다.	내가 축구를 하기에 별로 '적절하지' 않다는 생각, 내가 너무 뚱뚱하다는 생각, 아이들이 싫다는 생각, 난 혼자 있는 게 더 좋다는 생각을 했다.	농담으로 대꾸하거나, 어른에게 가서 방금 일어난 일을 이야기하거나, 경기가 끝나기를 기다렸다가 선수 중 한 명에게 내가 느낀 감정을 이야기하거나, 나를 잘 대해주는 다른 사람들과 함께 다른 축구 경기를 열 수 있었을 것이다.

인종차별을 없애자!

상처를 줄 의도가 없으면서도 주고 마는 말들을 직접, 혹은 어쩌다가 듣는 때가 있지.
말풍선 속 인종차별적 말에 줄을 좍 그어버리고,
대신할 수 있는 다른 말을 찾아보자.

인종차별에 맞서 싸우기 위한 길잡이 셋

1 피부색이나 출신지 때문에, 아니면 종교 때문에 너나 다른 누군가가 모욕을 당하거나 왕따를 당했다고? 절대로 모욕을 그대로 받아들여서도, 부당함 앞에서 침묵을 지켜서도 안 돼. 인종차별을 하는 말과 행위는 법으로 금지돼 있기 때문이지! 어려운 일이기는 하지만, 그런 말과 행동을 막고 책임자(들)를 처벌할 수 있는 유일한 해결책은 네가 신뢰하는 어른에게 그 일들을 이야기하는 거야.

2 어떤 사람들은 자기가 남들의 피부색에 관심이 없어서 스스로 인종차별주의자가 아니라고 생각하지만…… 마치 차이가 존재하지 않는 양 행동하는 것은, 결국 이 차이와 연결된 모욕이나 부당함도 존재하지 않는 듯 행동한다는 말이 돼. 차이에 대해서 이야기하는 것 또한 부당함과 싸우는 데 도움이 될 수 있어. 그렇게 한다고 해서 우리 사이 이토록 많은 닮은 점들이 안 보이는 것도 아니고 말이지!

3 너는 아마 하얀색 피부를 갖지 않은 사람들은 텔레비전에도, 그리고 책 속에도 백인에 비해 적게 등장한다는 걸 알고 있겠지? 그리고 이 사람들이 맡는 역할도 책이나 영화 속에서 나쁜 인물일 때가 많다는 사실도 말이야. 어떤 편견들은 내가 그 대상이 아닌 이상 알아차리기 어려울 때가 있지. 하지만 이 편견들을 없애버리려면 계속 감시하는 게 중요해!

왜 어떤 사람들은 부자이며……

그건 그들이 돈을 많이 벌기 때문이고,

그들이 부모에게 많은 걸 물려받기 때문이고,

그들이 도박에서 돈을 따기 때문이고,

그들이 부유한 나라에서 태어나기 때문이지.

……어떤 사람들은 가난할까?

그건 그들이 일자리가 없거나 돈을 많이 벌지 못하기 때문이고,

그들이 의지할 사람이 없기 때문이고,

그들이 돈을 다 써버렸기 때문이고,

그들이 가난한 나라, 가난한 가족 안에서 살고 있기 때문이지.

왜 지금보다 더 부자가 되고 싶어하는 사람이 많은 걸까?

돈은 필요해. 집을 구하는 데에도, 먹는 데에도, 아플 때에도, 공부할 때에도……
그런데 그 모든 게 해결이 돼도, 사람들은 돈이 지금보다 더 많으면 더 행복해질 거라고 생각하곤 해.

돈이면 뭐든 다 가질 수 있는 걸까?

부자가 되는 꿈

네가 돈을 원하는 만큼 갖게 된다면
사고 싶은 것에 동그라미를 쳐보자.

행복을 사는 티켓?

아래 그림들을 보고, 그 상황이 너에게 줄 행복의 크기에 따라,
그리고 너를 경험과 추억의 부자로 만들어줄 정도에 따라 (옆의 그림처럼)
크거나 작은 돈주머니를 그림 옆에 그려 보자.

내가 더 자라나면……

더 자라났을 때, 너는 어떤 방법으로 돈을 벌고 싶어?
탐이 나는 장면에 네 얼굴을 그리거나 사진을 붙이고,
원한다면 다른 장면들도 상상해 그려보자.

저금통 만들기

그림처럼 재미있게 생긴 저금통을 만들고,
조금씩 저금을 해서 가지고 싶던 물건을 스스로 마련해 보자.

준비물:
- 플라스틱 뚜껑이 달린 원통 모양 캔(예를 들어 커피통)
- 캔 뚜껑보다 작은 뚜껑
- 코르크 마개 4개
- 분홍색 삼각형 펠트 천 2개
- 분홍색과 검은색 물감
- 분홍색 털실 10cm
- 풀

어른의 도움을 받아, 깡통 옆면에 5mm x 5cm의 틈을 잘라낸다.

삼각형 펠트 천을 붙여서 귀를 만든다.

털실을 돌돌 말아서 뒤쪽에 붙인다.

작은 마개를 붙여 코를 만든다.

몸통은 분홍색으로 칠하고, 콧구멍과 눈은 검은색으로 그린다.

코르크 마개를 붙여서 다리를 만든다.

풍요와 가난을 성찰하기 위한 길잡이 셋

1 가난의 원인은 잘 알려져 있지. 불공정, 전쟁, 기후 위기, 남녀 사이 불평등…… 하지만 우리는 가난이 꼭 돈만 부족한 상태가 아니라, 그보다도 편안한 주거, 음식, 학교 교육, 마실 물, 전기 등등에 다가갈 수 없는 상태라는 건 깨닫지 못할 때가 있어.

2 가난한 아이들은 학교 교육에서 성공할 기회를 똑같이 갖지 못해. 그건 그 아이들이 공부를 안 해서도, 다른 아이들보다 재능이 부족해서도 아니야. 그건 많은 경우, 그 아이들이 자기 가족이 겪는 어려움에 정신을 팔고 있거나 집에서 좋은 환경에서 공부를 할 수 없기 때문이야. 학교란 모든 아이들의 성공을 이끌어야 하는 곳인데, 실은 그러지 못할 때가 많아.

3 돈을 벌고 싶은 욕망은 당연한 거야. 돈이 있으면 인생이 더 쉬워지니까! 하지만 돈을 버는 것만 생각하면, 오히려 인생이 더 어려워질 수도 있어. 왜냐면 인생에는 또 다른 풍요도 아주 많다는 걸 잊게 되기 때문이야. 가족과 함께, 친구와 함께 자연 속에서 보내는 그 좋은 시간들…… 이것도 우리를 많이 행복하게 해주니까!

동의해!

모두가 동의하면, 일은 간단해져.

우리는 곧잘 남들이 나와 생각이 같았으면,
그들이 우리 의견에 동의했으면, 하고 바라지.

어떤 사람들은, 모든 사람이
동의해야 하는 문제들이 있다고 생각해.

다른 사람들과 잘 지내고 싶을 때,
그들 생각에 동의하면 더 쉬워지고
분위기도 좋아지지.

내가 정말로 어떻게 생각하는지 모를 때,
우리는 남들 생각에 동의하는 경향이 있어.
너무 많이 생각하지 않아도 돼서 편리하거든!

동의하지 않아!

하지만 모두가 어떤 일에 동의한다는 건 그다지 쉬운 일이 아니지……

정답이 단 하나가 아닌 문제들이 세상에는 아주 많아!

이론의 여지가 없는 진실이라는 게 과연 존재할까?

우리는 때로 나와 다른 의견들이 있다는 사실을 잘 받아들이지 못해.

어떤 생각들을 바꾸지 않으려고 애쓰는 건 당연한 걸까?

나이, 경험, 그리고 사는 곳의 차이에 따라 세상을 바라보는 방식도 다를 수 있어.

어떤 의견들이 다른 의견들보다 더 중요하다고 할 수 있을까?

일부러 그 무엇에도 동의하지 않으려 하는 사람들이 있어. 그건 그들이 논쟁을 좋아하기 때문이거나, 돋보이고 싶어하기 때문이지.

서로 그 무엇에도 동의하지 못하면, 우리는 과연 앞으로 나아갈 수 있을까?

때론 동의가 이루어지지 않는 게 더 좋은 거라면?

동의가 되지 않아 토론을 계속할 때는, 서로의 말을 듣고 존중해야만 해.

서로 다른 의견들이 충돌하는 과정을 통해서도, 앞으로 나아가고 새로운 생각들을 찾아낼 수 있어!

너는 동의해, 안 해?

너와 의견이 일치하는 인물 아래에는 '동의함',
아닌 인물 아래에는 '동의 안 함'이라고 써보자.

너의 의견을 발견해보자

아래 표를 채워가는 과정에서 너의 의견들을 발견하고, 너 자신을 더 잘 알아보자.

	매우 동의	동의하는 편	동의를 하지도 안 하지도 않음	동의하지 않는 편	전혀 동의하지 않음
난 독서가 좋아					
난 학교에 가면 즐거워					
나는 운동을 잘해					
나는 그림 그리기를 좋아해					
난 월요일은 질색이야!					
난 친구가 많아					
난 새것이라면 다 좋아!					
난 혼자 있는 게 좋아					

"동의하는 것도 안 하는 것도 아님" 놀이를 해보자

"응도 아니도 아님" 놀이를 할 때처럼, 사회자가 "동의해, 안 해?"로 끝나는 질문을 던지는 거야.
"(동의)해" 혹은 "(동의)안 해"로 대답하는 건 금지고, 어기면 탈락!
놀이의 목표가 뭐냐고? 자기 의견을 제시하면서 그에 대해 설명하는 법을 익히는 것!

내 생각을 표현하고 남들의 의견을 존중하기 위한 길잡이 셋

1 증명된 사실이 있는데 말이야, 어떤 문제에 대해서 절반이 조금 넘는 사람들이 동의를 하면, 그 의견이 좋은 의견일 가능성이 아주 크다고 해. 그런데 거의 모든 사람들이 같은 생각을 할 때는…… 이 사람들 생각이 틀렸을 위험이 오히려 커진다는 거야! 이것을 '집단효과'라고 불러. 같은 생각을 하는 사람이 내 주변에 많으면 많을수록, 서로서로 영향을 받다가 그들의 생각을 따라갈 가능성이 커지는 거야.

2 친구와 생각이 다르다고? 생각이 다르다고 얘기할 때, 꼭 친구를 설득하려 할 필요는 없어. 또 어떤 주제에 대해서는 서로 말을 꺼내지 않는 방법도 있겠지. 중요한 건 언제나 서로 동의하는 것이 아니라, 내 의견을 말하고 또 존중을 받는 거야. 언제나 동의하는 건 아니라고 해서 친구가 못 되는 건 아니니까!

3 남들의 의견에 동의하지 못하는 건 불편, 분노, 실망을 불러일으킬 수 있지…… 하지만 너 혼자만 찬성하는, 또는 남들이 기대하는 것과는 다른 생각을 표현하는 건 한편으론 너에게 아주 유쾌한 감정을 선물할 수 있어. 바로 너 자신에게 동의하는 즐거움!

Moi et les autres - Le cahier Pense pas bête (Pas bête (coll)),
by Anne-Sophie CHILARD, Pascal LEMAITRE

Moi et les autres - Le cahier Pense pas bête (Pas bête), © Bayard Editions, 2024 Korean Translation Copyright © KUKMIN PUBLISHING CO., 2025
All rights reserved. This Korean edition was published by an arrangement with Bayard Editions through JMCA.

이 책의 한국어판 저작권은 JMCA를 통해 저작권사와의 독점 계약으로 국민출판사가 소유합니다. 신 저작권법에 의하여 한국 내에서 보호를 받는 저작물이므로 무단 전재와 복제를 금합니다.

다정한 아이로 커가는 아이생각열기 철학놀이
다름은 틀림이 아니야!

초판 1쇄 인쇄 2025년 12월 1일
초판 1쇄 발행 2025년 12월 10일

지은이 안소피 실라르
그림   파스칼 르메트르
옮긴이 권수연

펴낸이 김영철
펴낸곳 국민출판사
등록 제6-0515호
주소 서울특별시 마포구 동교로12길 41-13(서교동)
전화 02)322-2434
팩스 02)322-2083
이메일 kukminpub@hanmail.net

ⓒ국민출판사, 2025
ISBN 978-89-8165-653-9 (73190)

※ 이 책은 저작권법에 따라 보호받는 저작물이므로 무단전재와 무단복제를 금지하며,
   이 책의 전부 또는 일부를 이용하려면 국민출판사의 서면 동의를 받아야 합니다.

※ 잘못된 책은 구입한 서점에서 교환하여 드립니다.